大家小小书
篆刻　程方平

中国历史小丛书

主　　编	吴　晗			
编　　委	丁名楠	尹　达	白寿彝	巩绍英
	刘桂五	任继愈	关　锋	吴廷璆
	吴晓铃	余冠英	何兹全	何家槐
	何干之	汪　篯	周一良	邱汉生
	金灿然	邵循正	季镇淮	陈乐素
	陈哲文	张恒寿	侯仁之	郑天挺
	胡朝芝	姚家积	马少波	翁独健
	柴德赓	梁以俅	傅乐焕	滕净东
	潘絜兹	戴　逸		

新编历史小丛书

主　　编	戴　逸			
副 主 编	张传玺	唐晓峰	黄爱平	
总 策 划	韩　凯	张　淼	李翠玲	
执行策划	安　东	吕克农		
编　　委	王　玮	王铁英	孔　莉	孙　健
	刘亦文	李海荣	沈秋农	高立志
统　　筹	高立志			

新编历史小丛书·人物

杜甫

翦伯赞 著

北京出版集团
文津出版社

贵州出版集团
贵州人民出版社

目　录

一　前　言 …………………… 001
二　杜甫的时代 ………………… 008
三　杜甫的身世 ………………… 017
四　杜甫的性格 ………………… 034
五　杜甫的作品 ………………… 046
六　余　论 …………………… 069

一 前　言

杜甫，字子美，是唐代的一个大诗人。他在中国文艺史上有诗圣之尊称。诗如何而后始为圣，没有标准。不论杜甫的诗，是否至于圣，但自唐以来，迄于近世，言诗者无不推尊他，确是事实。

唐代有名的诗人元稹曾为杜甫作墓铭，他在墓铭序言上说：

至于子美，盖所谓上薄《风》

《骚》，下该沈、宋，言夺苏、李，气吞曹、刘，掩颜、谢之孤高，杂徐、庾之流丽，尽得古今之体势，而兼人人之所独专矣。使仲尼锻其旨要，尚不知贵，其多乎哉？苟以为能所不能，无可无不可，则诗人以来，未有如子美者。

宋王安石为一目无古人之作家，但对于杜甫之诗，则曰：

> 至于子美，则悲欢穷泰，发敛抑扬，疾徐纵横，无施不可。故其诗有平淡简易者，有绮丽精确者，有严重威武若三军之帅

者，有奋迅驰骤若戛驾之马者，有淡泊幽静若山谷隐士者，有风流蕴藉若贵介公子者……此子美所以光掩前人，而后来无续也。

清毕沅序《杜诗镜铨》，其言有曰：

（杜）诗发源于三百篇及楚骚、汉魏乐府，吸群书之芳润，撷百代之精英，抒写胸臆，熔铸伟词，以鸿博绝丽之学，自成一家言。

梁任公曾为《情圣杜甫》一文，其结语有曰：

像情感热烈的杜工部,他的作品自然是刺激性很强,近于哭叫人生目的那一路,主张人生艺术观的人,固然要读他。但还要知道:他的哭声,是三板一眼的哭出来,节节含着真美;主张唯美艺术观的人,也非读他不可。

以上诸人对杜甫作品的评价,虽各有其自己之观点,但推崇备至,则异代同声。其推崇的出发点,除梁任公着重于他的作品中所含的情感,其余皆系赞扬他的文学素养之深厚与文字技术之熟练、严谨、细致与醇朴。

我在二十岁以前,曾一度对中国文学发生热烈的兴趣。当时,我最喜欢读杜诗。现在回想起来，已经有30年左右了。我在当时虽喜欢杜诗，但并没有发现他真实的价值；只是为了模仿他用字造句的方法。因为在唐代诗人作品中，杜诗最为丰富，他有各种不同的格调，足以为学诗的范本。后来，我研究中国史。在新、旧《唐书》中，读到了杜甫的列传，才知道他所处的时代和他个人的身世。我再读杜诗，才知道他并不是为作诗而作诗，而是为了不得不作诗而作诗。这次我读的本子，是清人杨西龢所辑的《杜诗镜铨》。《杜诗镜铨》的编辑方法，不是依诗的体例分类，而是依其写作的前后，依次编排。这种编排方法，使我对杜诗发生了一种时间性上的概念。因而杜诗中的任何一首诗歌,到我眼中,都是最珍贵的历史材料了。

从这里,我发现了杜诗的真正价值,固然在于他具有灵活、熟练、细致、谨严的文学手腕,固然在于他具有深厚、渊博、温柔、敦厚的文学素养,足以纪事、抒情,铺陈终始;属对切律,排比声韵,令人读之,余味悠然;但最主要的,还是由于杜甫的作品具有丰富的内容、深刻的含义和真实的情感。易言之,杜甫作品的价值,不仅在于他的美辞,而是在于他的现实主义。诚如梁任公所云:杜甫的诗,是"三板一眼"地在"哭叫人生"。他不仅为自己的穷愁抑郁而哭叫,也为贫苦大众、为变动的时代而哭叫。他控诉社会的罪恶，代言人民的痛苦。所以杜甫的诗可以说是唐代天宝前后的时代呼声。即因如此，所以他的诗歌便具有一种不冷的热力。一直到现在，尚能鞭辟读者的情绪，震荡读者的心弦，所谓千古之后，有余响也。

  杜甫为什么要为自己、为大众而哭叫？这就与他所处的时代、他个人在他所处的时代中的遭遇，乃至他的性格都有很大的关系。因为一个文学家，不论怎样冷静、超然，总不能对自己的时代和个人的遭遇丝毫没有感觉，而飘然高举于时代之外。此中国诗人所以常有伤时感世以及感怀身世之作也。

二　杜甫的时代

杜甫生于何年,新、旧《唐书》本传皆不记。二书虽皆记其死年,但其说不一。《旧唐书》谓其卒于代宗永泰二年(公元766年),《新唐书》谓其卒于大历中,不详大历何年。但均谓其享年五十九岁。

杜甫究竟死于何年,我们可以从他自己的作品中考察出来。杜甫到了湖南以后,曾有《追酬故高蜀州(适)人日见寄》一诗,其序言中有云:"大历五年正月二十一日,却追酬高公此作,因寄王及敬弟。"他就在是年秋死在湖南,所以我们知道他是死在大历五年。由大历五年上推五十九年,便是他的生年,则其生年当为玄宗先天元年(公元712年,即开元元年之先一年)。由此,因知杜甫所处的时代是从玄宗先天元年到代宗大历五年(公元712年至770年)间之五十九年。

在杜甫生存之五十九年间,唐朝的政权,有着很大的变化。这个变化是以天宝之乱为转捩点。在天宝之乱以前,特别是开元年间,可以说是大唐帝国全盛时代的顶点。当此之时,帝国的声威远播异域,正如杜甫《赠哥舒翰》诗所云:"先锋百胜在,略地两隅空,青海无传箭,天山早挂弓。"又如他《赠田九判官梁邱诗》所云:"崆峒使节上青霄,河陇降王款圣朝。"同时,国内人民虽在大远征中遭受了灾难,但封建秩序还是井然。像这样的景象,在中国史上,总算是头等的太平盛世。即因如此,所以当时诗人辈出,歌颂升平,文彩风流,英华竞吐,形成了中国文学史上的一个黄金时代。据杜甫《饮中八仙歌》所述,当时的诗人,真是自由而又快乐,他们或"脱帽露顶王公前,挥毫落纸如云烟",或"长安市上酒家眠,天子呼来不上船",或"道逢曲车口流涎,恨不移封向酒泉",或"举觞白眼望青天,皎如玉树临风前"……像这样"痛饮狂歌空度日"的诗酒之会，杜甫也曾参加过。

全盛的时代，并不长久。不久，唐朝的统治者就在丰富的赋税和贡纳中腐化了。玄宗晚年，以为天下无复可忧，遂深居禁中，昏倒在杨贵妃的怀抱之中，吃广东进贡的荔枝，一切政事，都委之于李林甫。李林甫是一个大大的奸臣，他勾结皇帝的左右，专门逢迎皇帝，蒙蔽皇帝，排除异己，树党营私，妄兴冤狱，诛逐大臣，并且私通胡人，以张其声势，而这就埋下了后来安史之乱的祸根。

李林甫在相位十九年，天下侧目，而玄宗假装不知道。当李林甫为相时，把持朝政的都是一群毫无知识的混蛋；那些天真烂漫的诗人们，当然不能进身。杜甫《赠鲜于仲通诗》中有云："王国称多士,贤良复几人。"又《天育骠骑歌》云："呜呼!健步无由骋,如今岂无騕褭与骅骝,时无王良伯乐死即休。"像这样的感慨,不只是杜甫一人的感慨,而是当时一般才智之士共同的感慨。

李林甫死,继任首相的是杨贵妃之兄杨国忠。他恃有椒房贴肉之亲,专断独行,颐指气使,公卿以下,莫不震慑。他之所以敢于横行,就因为他除杨贵妃以外尚有妹三人,皆封国夫人,并承恩泽,出入宫廷,四条裙带,当然不会同时断绝。据《杨贵妃传》云:"(杨氏)姊妹昆仲五家,甲第洞开,僭拟宫掖;车马仆御,照耀京华,递相奢尚，每构一堂，费逾千万计……土木之工，不舍昼夜。玄宗颁赐及四方献遗，五家如一，中使不绝。开元以来，豪贵雄盛，无如杨氏之比也。"这诚如当时诗人白居易所云："姊妹兄弟皆列土，可怜光彩生门户。致令天下父母心，不重生男重生女。"

当这些外戚和贵妇们穷奢极欲的时候，而杜甫却发出了"有儒愁饿死，早晚报平津"的呼号。（按汉武帝丞相公孙弘曾封平津侯，此指杨国忠也。）"愁饿死"的，当然也不只杜甫一人，而是当时一般智识分子的境遇。所以杜甫又说："纨袴不饿死，儒冠总误身。"

腐化的局面，也不允许长久的，

在天宝十四年（755年）冬，招来了安禄山之乱。大河南北，顿时成为蛮骑驰逐之场，洛阳、长安，先后沦陷。当此之时，玄宗皇帝不得不从芙蓉帐里翻身起来，带着他宠爱的妃子和信任的国舅，仓惶逃遁。不幸逃到马嵬，御林军叛变了，他们杀了杨国忠和韩国、虢国二夫人，并且逼着杨贵妃也自杀了。这真如当代诗人白居易所云："六军不发无奈何，宛转娥眉马前死……君王掩面救不得，回看血泪相和流。"

皇帝和许多达官贵人都望风而逃，到了成都，长安变成了蛮族的兵营，文化之宫倒塌了，黄金时代变成了黑灰。当此之时，那些穷困旅邸的诗人当然也东逃西散，杜甫就是其中的一个,他并且曾经被蛮族所俘虏。

不久,肃宗即位于灵武,新的抗战政府在西北出现,这才收回首都,扭转危局。但天宝之乱,自安禄山、安庆绪以至史思明、史朝义继起为祸,其间经过七年之久。在这七年中,河、朔、关、陕化为丘墟,世变之剧实无其比。如果不是回纥帮忙,也许大唐的天下便就此断送了。

接着安史之乱以后,又有仆固怀恩之叛和回纥、吐蕃的屡次入寇。同时,自关以东,藩镇割据,朝廷的命令已不能出国门一步。这一幕一幕的悲剧,杜甫都亲自经历过,亲眼看见过。他怎能望着千军万马在他面前咆哮而过而自己却高卧在象牙之塔?

政治的变局必然要影响到文学的作风。天宝之乱以前太平盛世之静止的文学,到天宝之乱以后,自然而然就会一变而为波澜壮阔之动的文学了。杜甫正是这个变局时代的诗人。

三　杜甫的身世

杜甫，河南巩县人。他出生于一个小官吏的家庭①，在洛阳附近的土娄庄有他祖遗的小小的田园②。他是一个天才的诗人，他在《壮游》诗中自述曰："七龄思即壮，开口咏凤凰。九龄书大字，有作成一囊。"又曰："往昔十四五，出游翰墨场。斯文崔（尚）魏（启心）徒，以我似班（固）扬（雄）。"这样看来，他七岁即能作诗，在十四五岁时，已在当时的文坛卓然露头角了。

杜甫在二十岁时，就开始了他的流浪生活。他最初流浪于山西③，以后又流浪于吴、越之间④。二十四岁时，曾由地方官贡举，政府不用，于是他又浪迹于齐、赵之间。他在《壮游》诗中有云："忤下考功第，独辞京兆堂。放荡齐、赵间，裘马颇清狂。"由此看来，他在少年时代的生活，虽在流浪之中，还是很快乐的。

杜甫在齐、赵流浪了好几年，到三十岁时（开元二十九年，公元741年），又回到洛阳。他在洛阳一连住了三年。这几年他家庭多故，他的姑母和祖母相继逝世。在这一时期杜甫的生涯大半消磨于料理丧葬和写作墓志。这时他的生活境况似乎更坏,他在《赠韦济》诗中自述云:"骑驴三十载,旅食京华春(洛阳在唐时称东京)。朝扣富儿门,暮随肥马尘。残杯与冷炙,到处潜悲辛。"

家里实在住不下去,杜甫在三十四岁时(天宝四年,公元745年),又再游齐、鲁,过着流浪的日子。恰好当时李白也自翰林放归,客游梁、宋、齐、鲁之间,他们就在一起,痛饮狂歌起来。他们"醉眠秋共被,携手日同行",相怜如兄弟,大有"不愿论簪笏,悠悠沧海情"的遐想。

生活压迫这个中年诗人不能不寻找职业,天宝五年(公元746年),杜甫(三十五岁)便走进繁华的长安。天宝六年（公元747年），他应诏赴尚书省试；但李林甫要向皇帝证明"野无遗贤"，所有应试的人都一律落第了⑤，杜甫也在其内。这一落第，就有四五年不曾翻身，生活的困苦，不堪设想。

天宝十年（公元751年），玄宗举行郊祀大典，杜甫因进呈《三大礼赋》（按《三大礼赋》载《滏阳张溍读书堂杜工部文集注解》卷之一。此书共二卷，即附在《杜诗镜铨》之后）。这一次，算是碰着了皇帝的高兴，派他待制集贤院，这算是杜甫第一次做了官，他的年纪已经是四十岁了。

从此以后，一直到天宝之乱以前，杜甫都在长安。长安城里的生活很贵，居大不易。而况集贤院又是一个冷衙门，俸禄很薄。为了要守住这个穷官，杜甫在郊外杜曲的地方买了一座小小的园宅。他在《曲江》诗中有云，"自断此身休问天，杜曲幸有桑麻田"，正是指明此事。

杜甫虽然住在乡下，还是不能解决生活。他在《醉时歌》中有云："诸公衮衮登台省，广文先生⑥官独冷；甲第纷纷厌粱肉，广文先生饭不足。"（原稿删去："杜陵野客人更嗤，被褐短窄鬓如丝。……但觉高歌有鬼神，焉知饿死填沟壑。"这里简直可以听到杜甫在饥饿中向他朋友哭叫的声音。）又《投简函咸华两县诸子》有云："赤省官曹拥才杰，软裘快马当冰雪。长安苦寒谁独悲，杜陵野老骨欲折。"这样看来，杜甫在长安的生活还是在饥寒交迫之中。

即因不能生活，所以杜甫的家眷当时寄住鄜州（以后曾移居奉先，本文原附年谱云：十一月往奉先），不能接到长安。到天宝十五年（公元756年），他自己也不能不前往白水，就食于其舅父崔少府，以后又从白水到奉先去探望他陷于饥饿中的家眷（原稿删去下面一段："他在《自京赴奉先县咏怀五百字》诗中有云：'老妻寄异县，十口隔风雪。谁能久不顾，庶往共饥渴。入门闻号咷，幼子饿已卒。吾宁舍一哀，里巷亦呜咽。所愧为人父，无食致夭折。'而这就是当时小公务员的生活。"）。

当时安禄山之乱,已经爆发。(十一月,安禄山反,见原附年谱)洛阳、长安先后沦陷,他既不能回长安,又不能回家乡。后来他听说肃宗已即位于甘肃的灵武,就抛弃了妻子,奔赴行在。中间经过沦陷区,为贼军所俘,不久脱身贼中,终于到达了行在,见了肃宗,肃宗委他一个"拾遗"的官。关于此事,他在《述怀》诗中说:"去年潼关破,妻子隔绝久。今夏草木长,脱身得西走。麻鞋见天子,衣袖露两肘。朝廷悯生还,亲故伤老丑。涕泪授拾遗,流离主恩厚。"

这位老诗人抛妻弃子,历尽艰险,来赴国难。本想能对国家有所匡救,但是当时的流亡政府并不把知识分子当人。他在《徒步归行》中说:"凤翔千官且饱饭,衣马不复能轻肥。青袍朝士最困者,白头拾遗徒步归。"

不久,杜甫为了疏救房琯,几乎下狱⑦,幸有张镐救他,才改为贬放华州司功的处分。这时杜甫又不得不离开凤翔前往华州。在到华州之前,他顺道回到鄜州去探视妻子。乾元元年(公元758年)(四十七岁),杜甫到了华州,是年曾间至洛阳,探视他的兄弟。

经过这一次打击,杜甫遂决心从此放弃政治生活,准备到四川去投依他的友人西川节度使严武。乾元二年(公元759年)辞官不做,带着他的夫人和几个儿女,开始入蜀的行程。由鄜州、秦州,辗转到同谷。当时陕西大饥,他的幼子早已活活饿死。而他自己也弄得"白头乱发垂过耳","手脚冻皴皮肉死",简直不像样子了。在同谷没有住一月,又由剑阁南行,上元元年(公元760年)定居成都(杜甫于乾元二年十二月至成都,见原附年谱),这时杜甫已经四十九岁了。

因为王司马的资助,在成都郊外"浣花溪水水西头"盖了几间茅屋,这就是他诗中所谓"浣花溪草堂"。他有《王十五司马弟出郭相访兼遗营草堂资》一诗云:"客里何迁次,江边正寂寥。肯来寻一老,愁破是今朝。忧我营茅栋,携钱过野桥。他乡惟表弟,还往莫辞遥。"他在草堂的周围栽种了许多花木、果树,特别是松竹,又养了一群鸡鸭，就在这里住下来了。可怜"三年饿走荒山道"的白头诗人，好容易得到这样一个栖息之所。

代宗宝应元年（公元762年）严武入朝。西川兵马使徐知道发动了叛乱；同时吐蕃入寇今日之松潘，成都危急。这时，杜甫再逃乱到梓州。第二年（广德元年，公元763年），又流浪于汉州、阆州。第三年（广德二年，公元764年），严武再镇蜀，他才回到成都草堂。就在这年，严武保举他为节度参谋、检校工部员外郎，遂入严武的幕府。杜甫的脾气很大，他虽依靠严武，却不善恭维。在幕府时几乎和严武闹翻了。所以不到半年（永泰元年即公元765年正月），他便辞了幕府。辞幕府后之四月，严武也死了。

这时，这位老诗人，不能不离开他浣花溪的草堂，再走上流浪的旅程。永泰元年五月，杜甫离别了成都，扁舟东下，经今日之沪州、重庆，东向夔州。大历元年（公元766年）春，到了夔州。他在夔州住了两年，大概是等候故乡的消息。

从杜甫的诗中，我们知道他在夔州的郊外瀼西有四十亩果园，又在东屯有一百亩稻田，两处相距不远，都有茅屋数间。他曾请了几个工人，经营果园和稻田。他在《课伐木》诗中有云："课隶人伯夷、辛秀、信行等，入谷斩阴木，人日四根止。"又有《示獠奴阿段》诗，及《清晨遣女奴阿稽》诗。这里所谓隶人、獠奴、女奴,大概就是他雇的男女工人。此外又有《修理水筒》、《建造鸡栅》及《筑禾场》等诗,足见他在夔州已经是过的耕田而食的生活。这里的果园和稻田,大概也是朋友送他的。

大历三年(公元768年)正月,杜甫离夔,东出巫峡。三月,至于江陵。不久又离江陵。当他离江陵时,他自己都不知飘流到哪里去。他在《暮归》诗中说:"南渡桂水阙舟楫,北归秦川多鼓鼙。"又在《出江陵南浦寄郑少尹》诗中说:"更欲投何处,飘然去此都。"但是船还是顺流而下。秋,至公安。冬,至岳州。从此以后,他的生活完全在船上。当时他曾写了一首极沉痛的诗，其中有云："亲朋无一字，老病有孤舟。"

大历四年（公元769年），夔府孤城落日中的老诗人，又出现在洞庭舟中。诗人的孤舟不久便渡过洞庭，溯湘江而上，到了长沙。真是奇怪，杜甫走到哪里，灾难就追踪到哪里。当他到长沙时，长沙又发生了臧玠之乱，这诚如他自己所云："社稷缠妖气，干戈送老儒。"（原稿删去：实则不是灾难追逐杜甫，而是当时唐代的天下，已经开始溃烂，干戈满地，到处都是内战。正如他在《蚕谷行》中所云："天下郡国向万城，无有一城无甲兵。"）为了避臧玠之乱，他不得不把船开到衡州。

大历五年（公元770年），他想到

郴州去投依他的舅父崔伟,走到耒阳就病了,因转帆北上,想回洛阳故乡,不幸舟下荆楚,就死在船上。这就是杜甫的一生。

杜甫一生,真是阅尽治乱盛衰之迹,历尽刀兵山川之险,尝尽饥寒流离之苦。自中年以后,一官废黜,万里饥驱,饿走荒山,老病孤舟,其生世之惨淡,实已极人生之酸辛。虽然,在天宝乱中,知识分子之遭遇如杜甫者岂少也哉?杜甫《寄柏学士林居》诗云:"自胡之反持干戈,天下学士亦奔波。叹彼幽栖载典籍,萧然暴露依山阿。"呜呼!知识分子之"萧然暴露依山阿"者,又岂仅在天宝之乱为然哉?诚如杜甫《西阁曝日》诗所云:

> 古来遭丧乱，贤圣尽萧索。

又如杜甫《锦树行》所云：

> 自古圣贤多薄命，奸雄恶少皆封侯。

注释：

①《旧唐书》本传云：甫"曾祖依艺，位终巩令；祖审言，终膳部员外郎，自有传。父闲，终奉天令"。

②见《凭孟仓曹将书觅土娄庄》诗。

③《哭韦之晋》诗云："凄怆郇瑕邑，差池弱冠年。"又《酬寇侍御》

诗云:"往别郇瑕地,于今四十年。"案郇瑕,晋地也。

④《壮游》诗中关于游吴、越之事有云:"东下姑苏台","渡浙想秦皇","剡溪蕴秀异"。又在《进大礼赋表》中亦云:"浪迹于陛下丰草长林,实自弱冠之年。"此所谓"陛下丰草长林",当即指吴、越而言。

⑤元结谕友文云:"天宝六年(公元747年),诏天下有一艺诣觳下,李林甫命尚书省皆下之,遂贺野无遗贤。"

⑥天宝九年(公元750年),国子监设广文馆。

⑦《旧唐书》本传云:"房琯布衣时与甫善。时琯为宰相,请自帅师讨

贼,帝许之。是年(至德元年,即公元756年)十月,琯兵败于陈涛斜。明年春,琯罢相。甫上书言琯有才,不宜罢免。肃宗怒,贬琯为刺史,出甫为华州司功参军。"《新唐书》本传谓:"帝怒,诏三司推问。宰相张镐曰:'甫若抵罪,则绝言者路。'帝乃解。"

四 杜甫的性格

杜甫晚年的性格,看起来很沉郁;但他的沉郁并不是天生的,而是残酷的现实把他压迫到展不开眉头。实在他也曾经是一个活泼而天真的孩子,曾经是一个浪漫、清狂、豪放的青年。

他在《百忧集行》中自述曰:"忆年十五心尚孩,健如黄犊走复来。庭前八月梨枣熟,一日上树能千回。"这不是活现了一个顽皮的孩子吗?

他在《壮游》诗中自述青年时在

齐、赵的生活曰："春歌丛台上，冬猎青丘旁。呼鹰皂枥林，逐兽云雪冈。射飞曾纵鞚，引臂落鹙鸧。"又在《今夕行》中自述青年时在长安度除夕，"相与博塞为欢娱"的情景曰："冯陵大叫呼五白，袒跣不肯成枭卢。"又在《赠李白》诗中自叙曰："痛饮狂歌空度日，飞扬跋扈为谁雄。"这不是活现了一个飞鹰走兔、纵鞚据马、呼卢喝雉、醉酒狂歌的青年吗？

中年以后，这位生气勃勃的青年诗人的确是沉郁了。他在《杜位宅守岁》诗云："四十明朝过，飞腾暮景斜。谁能更拘束，烂醉是生涯。"又《病后遇王倚饮，赠歌》中自述云："但使残年饱吃饭，只愿无事常相见。"又在《重游何氏园》诗中云:"何日沾微禄,归山买薄田。"在饥寒交迫的环境中,他怎能笑得出来?

到晚年他更是伤感了。他在《哭台州郑司户》诗中自哭云:"疟病餐巴水,疮痍老蜀都。飘零迷哭处,天地日榛芜。"这简直是一幅老泪纵横的面孔了。在饥饿走荒山,白头趋幕府的生活中,他怎能不哭?

杜甫是一个极有骨气的人;他虽然穷困,但毫不将就。他在《自京赴奉先县咏怀五百字》诗中说:"以兹悟生理,独耻事干谒。"也许就因为他不愿趋炎附势,所以"潦倒终生"。

他常以清白自赏,不肯同流合污。他在《赠韦左丞》诗中有云:"白鸥没浩荡,万里谁能驯。"又在《白丝行》中云:"已悲素质随时染,裂下鸣机色相射。"又在《佳人》诗中云:"绝代有佳人,幽居在空谷。自云良家子,零落依草木。……在山泉水清,出山泉水浊。侍婢卖珠回,牵萝补茅屋。摘花不插鬓,采柏动盈掬。天寒翠袖薄,日暮倚修竹。"这里所谓"白鸥""白丝""佳人",都是他自己的写照。

杜甫的脾气虽然很大,但情感却非常热烈。实际上,也只有这样清高的人,才有真正的情感。他对于他的夫人、儿女、兄弟、姊妹、朋友,都有一种真挚的情感。他有一首思家的诗,题曰《月夜》,诗云:

今夜鄜州月，闺中只独看。遥怜小儿女，未解忆长安。香雾云鬟湿，清辉玉臂寒。何时倚虚幌，双照泪痕干。

分明是他望着长安的月亮想念他的夫人和儿女；但他却进一步想到他的夫人也在望着鄜州的月亮在想念他。这种思维过程的描写，是何等的细腻。

又在《同谷七歌》中，有《忆弟》《忆妹》两诗。其诗曰：

有弟有弟在远方，三人各瘦何人强。生别辗转不相见，胡尘暗天道路长。前飞鴐鹅后鹙鸧，安得送我置汝旁。呜呼！三歌兮歌三发，汝归何处收兄骨。

有妹有妹在钟离，良人早没诸孤痴。长淮浪高蛟龙怒，十年不见来何时。扁舟欲往箭满眼，杳杳南国多旌旗。呜呼！四歌兮歌四奏，林猿为我啼清昼。

他忆弟妹诗前后二十余首，无不至性流露。至于怀友的诗，那就更多了。例如：

死别已吞声，生别常恻恻。江南瘴疠地，逐客无消息。（时李白因附永王璘造反事，流放夜郎，故曰逐客。）故人入我梦，明我常相忆。恐非平生魂，路远不可测。魂来枫林青，魂返关塞黑。君今在罗网，何以有羽翼。落月满屋梁，犹疑照颜色。水深波浪阔，毋使蛟龙得。

像这样的诗句，真是字字出于心坎。

杜甫的情感，不仅表现在家人骨肉和朋友之间，也表现于对当时贫苦人民的关怀。例如在《自京赴奉先县咏怀五百字》诗中有云："穷年忧黎元，叹息肠内热。"《三川观水涨》诗中有云："应沉数州没，如听万室哭。"《自京赴奉先县咏怀五百字》诗中有云："默思失业徒，因念远戍卒。"

《喜雨》诗中有云:"巴人困军需,恸哭厚土热。"像这一类的诗句,在杜甫的诗中举不胜举。这并不是他随便说漂亮话,杜甫的目光的确常常注视到社会最下层的人民。因为他自己有贫困的经验,他最了解这些可怜的穷人的痛苦。举例来说,他有一次在石龛,看见一个农民伐竹,他就想起他们的徭役。《石龛》诗曰:"伐竹者谁子,悲歌上云梯,为官采美箭,五岁供梁齐。"他看见了阔人所穿的布帛,就想起了贫穷的妇女。《自京赴奉先县咏怀五百字》诗中有云:"彤庭所分帛,本自寒女出。鞭挞其夫家,聚敛贡城阙。"他看见了四川的橘子,就想起了农民的贡纳。《柑林》诗中有云:"子实不得吃,货市送王畿。尽添军旅用,迫此公家威。主人长跪问,戎马何时稀?"

他最能了解穷人的心理,有一次他住在成都。(原稿删去:"有一个农民在社日请他吃春酒,这个农民向他陈诉征兵征粮的痛苦。虽然他觉得这个农民的言语太琐碎,举止近粗野,但他总觉得这个农民请客不容易,也只好听着。他在《遭田父泥饮美严中丞》诗中述此事云:'步屟随春风,村村自花柳。田父逼社日,邀我尝春酒。酒酣夸新尹,畜眼未见有。回头指大男,渠是弓弩手。名在飞骑籍,长番岁时久。前日放营农,辛苦救衰朽。差科死则已,誓不举家走。今年大作社,拾遗能住否?叫妇开大瓶,盆中为吾取。感此气扬扬,须知风化首。语多虽杂乱,说尹终在口。朝来偶然出,自卯将及酉。久客惜人情,如何拒邻叟。高声索果栗,欲起时被肘。指挥过无礼,未觉村野丑。月出遮我留,仍嗔问升斗。'")又有一次他在夔州,他西邻的一个穷妇人,偷他的枣子吃。他发觉了,那穷妇人很恐惧;但他却因此而更同情那穷妇人。他在《戏呈吴郎》诗中记其事云:"堂前扑枣任西邻,无食无儿一妇人。不为家贫宁有此,只缘恐惧更相亲。"即因他了解穷人的痛苦,同情穷人的痛苦,所以他痛恨当时的剥削人民的贪官污吏。他在《送韦讽上阆州录事参军》诗中有云:

国步犹艰难，兵革未衰息。万方哀嗷嗷，十载供军食。庶官务割剥，不暇忧反侧。诛求何多门，贤者贵为德。……当令豪夺吏，自此无颜色。必若救疮痍，先应去蟊贼。

《园官送菜》诗云：

呜呼战伐久，荆棘暗长原。乃知苦苣辈，倾夺蕙草根。小人塞道路，为态何喧喧！

《昼梦》诗云：

故乡门巷荆棘底，中原君臣

豺虎边。安得务农息战斗,普天无吏横索钱。

他把好人比作新松,恶人比作苦竹,于是作诗曰:"新松恨不高千尺,恶竹应须斩万竿。"他又把恶人比作蒿莱,作诗曰:"芟荑不可阙,疾恶信如仇。"他在《述怀》诗中说:"无贵贱不悲,无富贫亦足。"这简直有些社会主义者的嫌疑了。

富有不屈的气节,最真挚的情感,同情贫穷人民,痛恨贪官污吏,这就是杜甫的性格。

五　杜甫的作品

杜甫处在这样一个变局的时代，他个人的身世，又如此惨淡，同时，他又是一个孤芳自赏、情感热烈的人，所以他的作品必然要走上现实主义的道路，用梁任公的话说，他必然要"哭叫人生"。

在杜甫的作品中，很少有那种吟风弄月、留连光景之作，也很少有那种歌颂功圣、赞美权要之辞；他的诗完全是记录他的时代，记录他的身世，而且丝毫不走样地记录出来。他有时直书，有时暗示，有时讽刺，有时谴责，极尽"哭叫"之能事。从他的作品中，我们可以看出他的时代、他的身世。换言之，杜甫的诗歌，简直就是天宝前后的一部历史。

从杜甫的作品中，我们可以看到天宝以前的唐代社会是何等的安定、繁荣、太平。他在《忆昔》诗中说：

> 忆昔开元全盛日，小邑犹藏万家室。稻米流脂粟米白，公私仓廪俱丰实。九州道路无豺虎，远行不劳吉日出。齐纨鲁缟车班班，男耕女桑不相失。宫中圣人奏云门，天下朋友皆胶漆。百余

年间未灾变,叔孙礼乐萧何律。

在这样的太平盛世,租税集中之地的长安自然变成了纸醉金迷的城市。每当春秋佳日,在长安城外的风景之区,如乐游古园的森林中,渼陂的荷塘中,曲江的两岸,都挤满了游人。在这些游人中,有风流的皇帝,显赫的贵族,凯旋的将军,得意的官僚,腐朽的地主,发财的商人,猎艳的公子哥儿。这些人都带着漂亮的妃子、姬妾、情人,在郊外展开歌舞盛宴。只有那些落魄的诗人,他们既没有爱人,也没有酒宴,只有徘徊于山水人物之中,搜集一些作诗的材料而已。

在游人中最惹人注目的,是唐

玄宗和他的几位妃子。杜甫的《丽人行》，就是描写他们。诗曰：

> 三月三日天气新，长安水边多丽人。态浓意远淑且真，肌理细腻骨肉匀。绣罗衣裳照暮春，蹙金孔雀银麒麟。头上何所有，翠微匎叶垂鬓唇。背后何所见，珠压腰衱稳称身。就中云幕椒房亲，赐名大国虢与秦。紫驼之峰出翠釜，水精之盘行素鳞。犀箸厌饫久未下，鸾刀缕切空纷纶。黄门飞鞚不动尘，御厨络绎送八珍。箫鼓哀吟感鬼神，宾从杂遝实要津。后来鞍马何逡巡，当轩下马入锦茵。杨花雪落覆白蘋，

青鸟飞去衔红巾。炙手可热势绝伦,慎莫近前丞相嗔。

这首诗简直把杨家姊妹游春的情景活现出来了。他们穿的什么,吃的什么,连箫鼓的声音和卫队的呼喝,都隐隐可闻。全诗写实,不加批评,到最后两句,才来了一个哭笑不得的讽刺。堂堂的丞相,现出了椒房亲贵的色相了。

唐玄宗和杨家姊妹,有时也到芙蓉园。杜甫在《乐游园歌》中说:"青春波浪芙蓉园,白日雷霆夹城仗。阊阖晴开昳荡荡,曲江翠幕排银榜。拂水低徊舞袖翻,缘云清切歌声上。"

再听杜甫报告当时显贵子弟的游宴。《乐游园歌》中云:"乐游古园崒森爽,烟绵碧草萋萋长。公子华筵势最高,秦川对酒平如掌。"《西陂泛舟》诗云:"青娥皓齿在楼船,横笛短箫悲远天。春风自信牙樯动,迟日徐看锦缆牵。鱼吹细浪摇歌扇,燕蹴飞花落舞筵。不有小船能荡桨,百壶那送酒如泉。"当此之时,青娥皓齿在歌舞,横笛短箫在吹奏,锦缆牙樯在徐牵,公子歌扇在摇动,百壶美酒在飞送,这是何等的快乐呵!

杜甫又有一诗,报告他有一次参加了诸贵公子丈八沟携妓纳凉,晚际遇雨的情景。他说:正当"落日放船好,轻风生浪迟","公子调冰水,佳人雪藕丝"的时候,忽然"雨来沾席上,风急打船头",于是"越女红妆湿,燕姬翠黛愁"。又有一次，陪一位官僚游宴渼陂，他吃了很多好东西。他说："饭炒云子白，瓜嚼水精寒。"又有一次他亲眼看见一个贵族公子在郊外某酒店胡闹。他曾为《少年行》以记其事曰："马上谁家白面郎，临轩下马坐人床。不通姓氏粗豪甚，指点银瓶索酒尝。"从这些记事诗，我们可以想象，天宝之乱以前的长安城郊是一种怎样的景象。

当时的贵族，以外戚最为阔绰。〔原稿删去以下一段：《旧唐书·杨国忠传》云："国忠于宣义里构连里第，土木被绨绣，栋宇之盛，两都莫比，昼会夜集，无复礼度。有时与虢国并辔入朝，挥鞭走马，以为谐谑。衢路观之，无不骇叹。"他们骇叹这位依靠姊妹的媚态而致身于宰相的杨国忠之荒淫无耻，至于如此。至若当时的知识分子，即使"读书破万卷，下笔如有神"（《赠韦左丞》），也只好和原宪一样，守着贫困。所以杜甫把这种贫富悬殊的情形，来了一个对比的描写。]
他在《自京赴奉先县咏怀五百字》诗中云："况闻内金盘，尽在卫霍室。中堂舞神仙，烟雾散玉质。暖客貂鼠裘，悲管逐清瑟。劝客驼蹄羹，霜橙压香橘。朱门酒肉臭，路有冻死骨。"

其他豪贵的奢侈亦复大有可观。《李监宅》诗云："尚觉王孙贵，豪家意颇浓。屏开金孔雀，褥隐绣芙蓉。且食双鱼美，谁看异味重。门阑多喜色，女婿近乘龙。"又《郑驸马宅宴洞中》

诗云:"主家阴洞细烟雾,留客夏簟青琅玕。春酒杯浓琥珀薄,冰浆碗碧玛瑙寒。误疑茅堂过江麓,已入风磴霾云端。自是秦楼压郑谷,时闻杂佩声珊珊。"从这些诗句中,可以看出当这位穷诗人走进那些豪贵邸宅中时,大有刘姥姥进大观园的感觉。(原稿删去以下一大段:至于当时的农民,他们的生活就和当时的达官贵族大不相同,他们在租、庸、调的压榨之下,要缴出谷物,缴出布帛,还要缴出生命。关于唐朝政府怎样剥削农民,详见"作品"节中,这里我只略述当时农民怎样为统治阶级的利益而粉身碎骨于万里之外的黩武战争。)

我们从史籍上知道在玄宗天宝六

年（公元747年），中国曾经发动一次空前的大远征,这就是高仙芝横越世界屋脊的帕米尔高原及冰雪皑皑的兴都库什山,远征小勃律之战。唐代的这一次远征,是想从中亚驱逐大食的势力。但是在怛逻斯城一战,却因为他的同盟军葛逻禄部的倒戈,为大食所大败。虽然掳回了小勃律王,但从此以后,大唐的势力遂退出中亚。杜甫《高都护骢马行》一诗正是借高都护的青骢马,以记述这一次大远征。

以后,吐蕃北侵,变成唐朝西疆之威胁,因而玄宗季年,穷兵陇右,征戍绎骚,内郡几遍。杜甫曾有《兵车行》一篇,前一段描写远征军出发的情形,其诗曰:

车辚辚,马萧萧,行人弓箭各在腰。耶娘妻子走相送,尘埃不见咸阳桥。牵衣顿足拦道哭,哭声直上干云霄。道旁过者问行人,行人但云点行频。或从十五北防河,便至四十西营田。去时里正与裹头,归来头白还戍边。

后一段描写当时租税繁重,农村破产,出征军人的家属之痛苦。其诗曰:

君不闻汉家山东二百州,千村万落生荆杞。纵有健妇把锄犁,禾生陇亩无东西。况复秦兵耐苦战,被驱不异犬与鸡。长者虽有问，役夫敢伸恨。且如今年冬，未休关西卒，县官急索租，租税从何出。信知生男恶，反是生女好，生女犹得嫁比邻，生男埋没随百草。君不见青海头，古来白骨无人收。新鬼烦冤旧鬼哭，天阴雨湿声啾啾。

此外又在《前出塞》诗中，描写远征军人的痛苦。诗中云："戚戚去故里，悠悠赴交河。公家有程期，亡命婴祸罗。"这是说，逃避兵役者有罪。又云："送徒既有长，远戍亦有身。生死向前去，不劳吏怒嗔。"这是说，出征军人遭受吏人的压迫。又云："迢迢万里余，领我赴三军。军中异苦乐，主将宁尽闻。……我始为奴仆，几时树功勋。"这是说军中苦乐不均。又云："从军十年余，能无分寸功，众人贵苟得，欲语羞雷同。"这是说，有功者不赏，无功者谎报胜利。从这些诗歌中，我们就可以看到大唐帝国全盛时代的社会之反面。一方面歌舞天堂，一方面转死地狱，这样的局面当然不能久长。

　　暴风雨来了，安禄山的兵马打进了繁华的长安。（原稿删去：安禄山之乱，实际上就是隐蔽在外族叛变的旗帜之下的农民暴动。否则，若无农民自愿地参加，安禄山的叛变，是发动不起来的。）现在我们看杜甫怎样记录长安沦陷时的情景。他在《往在》诗中说："往在西京日，胡来满彤宫。中宵焚九庙,云汉为之红。解瓦飞十里,穗帷纷曾空。疢心惜木主,一一灰悲风。合昏排铁骑,清旭散锦骤。贼臣表逆节,相贺以成功。是时妃嫔戮,连为粪土丛。当宁陷玉座,白间剥画虫。不知二圣处,私泣百岁翁。"从这首诗里,我们如见长安大火,胡骑咆哮,陈希烈辈投降蛮族,妃嫔被杀,皇帝失踪。

当此之时,"箭入昭阳殿,笳吟细柳营,内人红袖泣,王子白衣行"(《送郭中丞诗》)。当此之时,"蛮兵汹汹入大屋,屋底达官走避胡。金鞭折断九马死,骨肉不得同驰驱"(《哀王孙》)。当此之时,大唐的天兵惨败了,"血作陈陶泽中水","四万义军同日死"(《悲陈陶》)。"山雪河冰野萧瑟,青是烽烟白人骨"(《悲青坂》)。

长安已经不是当时的景象了。杜甫在《哀江头》中有曰:"少陵野老吞声哭,春日潜行曲江曲。江头宫殿锁千门,细柳新蒲为谁绿?"又说:"明眸皓齿今何在?血污游魂归不得。"在长安,他看到"群胡归来血洗箭,仍唱胡歌饮都市。都人回面向北号,日夜更望官军至"。在长安,他看到"腰下宝玦青珊瑚,可怜王孙泣路隅。问之不肯道姓名,但道困苦乞为奴。已经百日窜荆棘,身上无有完肌肤"。在长安,他看到"黄头奚儿日向西","东来橐驼满旧都"。(原稿删去以下一大段:为了讨伐安史,唐朝政府曾经发动了大规模的战争。在战争的进行中,征兵,征粮,民不聊生。杜甫描写当时征兵的情形,最为生动逼真。)

《石壕吏》诗云:"暮投石壕村,有吏夜捉人。老翁逾墙走,老妇出门看。吏呼一何怒,妇啼一何苦。听妇前致词:三男邺城戍,一男附书至,二男新战死。存者且偷生,死者长已矣。室中更无人,唯有乳下孙。有孙母未去,出入无完裙。老妪力虽衰,请从吏夜归。急应河阳役,犹得备晨炊。夜久语声绝,如闻泣幽咽。天明登前途,独与老翁别。"

《新安吏》诗有云:"客行新安道,喧呼闻点兵。借问新安吏,县小更无丁。府帖昨夜下,次选中男行。中男绝短小,何以守王城。肥男有母送,瘦男独伶俜。白水暮东流,青山犹哭声。莫自使眼枯,收汝泪纵横。眼枯即见骨,天地终无情。"

《垂老别》诗有云:"四郊未宁静,垂老不得安。子孙阵亡尽,焉用身独完。投杖出门去,同行为辛酸。幸有牙齿存,所悲骨髓干。男儿既介胄,长揖别上官。老妻卧路啼,岁暮衣裳单。孰知是死别,且复伤其寒。此去必不归,还闻劝加餐。"

《无家别》诗有云:"寂寞天宝后,园庐但蒿藜。我里百余家,世乱各东西。存者无消息,死者为尘泥。贱子因阵败,归来寻旧蹊。久行见空巷,日瘦气惨凄。但对狐与狸,竖毛怒我啼。

四邻何所有,一二老寡妻。……县吏知我至,召令习鼓鞞。虽从本州役,内顾无所携。……家乡既荡尽,远近理亦齐。永痛长病母,五年委沟溪。生我不得力,终身两酸嘶。人生无家别,何以为蒸黎。"

《新婚别》诗云:"……结发为君妻,席不暖君床。暮婚晨告别,无乃太匆忙。君行虽不远,守边赴河阳。妾身未分明,何以拜姑嫜。……君今往死地,沉痛迫中肠。誓欲随君去,形势反苍黄。勿为新婚念,努力事戎行。妇人在军中,兵气恐不扬。自嗟贫家女,久致罗襦裳。罗襦不复施,对君洗红妆。……人事多错迕,与君永相望。"

这些诗篇简直把唐朝政府抓壮丁

的情形活现出来。从这些诗篇里,我们可以看见当时的人民,被抓得鸡飞狗上屋。年青的抓完了,又抓年老的;男人抓完了,竟抓女人;抓了一次壮丁,又抓第二次。在这些诗篇里,我们也可以看到新妇送新郎从军,母亲送儿子从军,老太婆送老头子从军,媳妇送婆婆从军。并且还可以听到这些可怜的男女牵衣顿足拦道哭的声音。

再听杜甫报告当时贪官污吏,假借战争,搜刮人民。

《遭遇》诗云:"石间采蕨女,鬻市输官曹。丈夫死百役,暮返空村号。闻见事略同,刻剥及锥刀。贵人岂不仁,视汝如莠蒿。索钱多门户,丧乱纷嗷嗷。奈何黠吏徒,渔夺成逋逃。"

《岁晏行》云:"去年米贵阙军食,今年米贱大伤农。高马达官厌酒肉,此辈杼柚茅茨空。……况闻处处鬻男女,割慈忍爱还租庸。……"

《客从》诗云:"客从南溟来,遗我泉客珠。珠中有隐字,欲辨不成书。缄之箧笥久,以俟公家须。开视化为血,哀今征敛无。"

《夜》诗云:"城郭悲笳暮,村墟过翼稀。甲兵年数久,赋敛夜深归。"

《夔府书怀》诗云:"使者分王命,群公各典司。恐乖均赋税,不似问疮痍。万里烦供给,孤城最怨思。"

《驱竖子摘苍耳》诗云:"乱世诛求急,黎民糠籺窄。饱食复何心,荒哉膏粱客。富家厨肉臭,战地骸骨白。寄语恶少年,黄金且休掷。"

《枯棕》诗云:"蜀门多棕榈,高者十八九。其皮割剥甚,虽众亦易朽。徒布如云叶,青青岁寒后。交横集斧斤,凋丧先蒲柳。伤时苦军乏,一物官尽取。嗟尔江汉人,生成复何有。有同枯棕木,使我沉叹久。"

杜甫诗中,关于贪污剥削的记录甚多,不胜枚举。总之,当时的剥削,正如他在《虎牙行》中所云:"八荒十年防盗贼,征戍诛求寡妇哭。"而那些防盗贼的官兵又比盗贼更坏。他有《三绝句》诗,其一云:"殿前兵马虽骁雄,纵暴略与羌浑同。闻道杀人汉水上,妇女多在官军中。"

安史之乱，总算借着回纥的兵马把他打平了，但是回纥的骄横又还了得。杜甫《洗兵马》诗中有曰："京师皆骑汗血马，回纥喂肉蒲萄宫。"好容易把回纥送走，吐蕃又攻陷长安。《忆昔》诗曰："犬戎直来坐御床，百官跣足随天王。"吐蕃打退了，而"幽蓟余蛇豕，乾坤尚虎狼。诸侯春不贡，使者日相望"。又变成了藩镇割据的世界了。打来打去，结果，还账的还是老百姓。杜甫《白帝》诗曰："戎马不如归马逸，千家今有百家存。哀哀寡妇诛求尽，恸哭秋原何处村。"

以上都是杜甫诗歌中所含的史料，而且这还不过是举例而已。假使能全部纂辑，杜诗中所含的史料，一定可以给与天宝前后的历史以新的内容。像这样的诗歌,我称之曰"写实主义"大概没有什么不妥当吧?

六 余 论

杜甫的诗最大的特点,就是不以美辞而害意,因而字字真切,毫无浮辞浪语。而且描写细腻,真实入微。例如《北征》诗中有一段云:

况我堕胡尘,及归尽华发。经年至茅屋,妻子衣百结。恸哭松声回,悲泉共鸣咽。平生所娇儿,颜色白胜雪;见耶背面啼,垢腻脚不袜。床前两小女,补绽才过膝;海图坼波涛,旧绣移曲折;天吴及紫凤,颠倒在短褐。老夫情怀恶,数日卧呕泄,那无囊中帛,救汝寒凛栗!纷黛亦解苞,衾裯稍罗列。瘦妻面复光,痴女头自栉,学母无不为,晓妆随手抹;移时施朱铅,狼藉画眉阔。生还对童稚,似欲忘饥渴。问事竟挽须,谁能即嗔喝。翻思在贼愁,甘受杂乱聒。新归且慰意,生理焉得说。

这一段诗,简直把他久客初归,见到他的妻子儿女,破破烂烂,面有菜色的情景,毫不隐瞒地写了出来。他的妻子、儿子、女儿的形象、表情,都

活现在纸上。又在《彭衙行》上有一段云:

> 忆昔避贼初,北走经险艰。夜深彭衙道,月照白水山。尽室久徒步,逢人多厚颜。……痴女饥咬我,啼畏虎狼闻。怀中掩其口,反侧声愈嗔。小儿强解事,故索苦李餐。一旬半雷雨,泥泞相牵攀。既无御雨备,径滑衣又寒。有时经契阔,竟日数里间。野果充糇粮,卑枝成屋椽,早行石上水,暮宿天边烟。少留同家洼,欲出芦子关。……

任何人读了这段诗,都会觉得这位老诗

人带着他的夫人儿女，在风雨泥泞之中，饿走荒山穷谷的情景，如在目前。

杜甫的诗，亦有完全描写情绪之作。如前所引《今夜鄜州月》一诗，就是最好的例子。此外，这一类的诗在他集子中还很多。例如他在夔州接到他兄弟的信，谓已由洛阳到了江陵，不久要来看他。他喜欢极了，作了一首诗。诗曰：

尔到江陵府，何时到峡州？乱离生有别，聚集病应瘳。飒飒开啼眼，朝朝上水楼。老身须付托，白骨更何忧。

这简直把他接到家书时内心的感

动，完全记录出来。以后又接到他兄弟马上就要到的信，他又作诗曰：

> 巫峡千山暗，终南万里春。病中吾见弟，书到汝为人。意答儿童问，来经战伐新。泊船悲喜后，款款话归秦。
>
> 待尔嗔乌鹊，抛书示鹡鸰。枝间喜不去，原上急曾经。江阁嫌津柳，风帆数驿亭。应论十年事，捻绝始星星。

从这两首诗中，我们可以看到这位流落在四川山谷之间的老诗人，当接到他兄弟即到的信后，书也不看了，病也好了。他每天跑到江边的阁子上去望着那些由江陵来的上水船,恨不得即刻就看到他久别的兄弟从船上出现,相见拥抱,痛哭一场。然后向他打听故乡沦陷以后的情形,商量回家的办法。这样的诗,真可以说"情见乎词"。

关于这一类的诗,还有一首情文并茂的,这就是他听说官军收复了河南、河北以后所作的一首诗。其诗曰:

剑外忽传收蓟北,初闻涕泪满衣裳。却看妻子愁何在?漫卷诗书喜欲狂!白日放歌须纵酒,青春作伴好还乡。即从巴峡穿巫峡,便下襄阳向洛阳。

在这首诗中,我们可以看到这位

老诗人忽而哭,忽而笑,忽而抛去诗卷高歌,一种手舞足蹈的情状,跃然纸上。他饥饿流离于四川,已经三四年了。一旦听说收复了中原,想到明年春天就可以回故乡,这种意外的消息,当然要使他的情感激越以至飞舞疯狂起来。

杜甫留连风景之作很少,偶尔有之,必精细入微,而且非常自然。例如《江畔独步》诗云:"黄四娘家花满蹊,千朵万朵压枝低。留连戏蝶时时舞,自在娇莺恰恰啼。""黄师塔前江水东,春光懒困倚微风。桃花一簇开无主,可爱深红爱浅红。"《漫兴》诗云:"手种桃李非无主,野老墙低还是家。恰似春风相欺得,夜来吹折数枝花。""熟知茅斋绝低小,江上燕子故来频。衔泥点污琴书内,更接飞虫打着人。""糁径杨花铺白毡,点溪荷叶叠青钱。笋根雉子无人见,沙上浮雏傍母眠。""隔户杨柳弱袅袅,恰似十五女儿腰。谁谓朝来不作意,狂风挽断最长条。"像以上诸诗,与今日的白话诗已经没有很大的分别;但由于作者的文学手腕,却使读者如历其境。

杜甫诗中有时毫不客气,直陈时弊。如在《忆昔》诗中云:"忆昔先皇(肃宗)巡朔方,千乘万骑入咸阳。阴山骄子汗血马,长驱东胡胡走藏。邺城(史思明)反覆不足怪,关中小儿(李辅国)坏纪纲。"有时委婉曲折,暗示己意。如他在《前出塞》中有云:"君已富土境，开边一何多。"又云："杀人亦有限，立国自有疆。"这就是反对侵略战争的暗示。有时讽刺。如《忆昔》诗中有云"张后不乐上为忙"，这就讽刺肃宗怕老婆。《丽人行》中有云"慎勿近前丞相嗔"，这就是讽刺一位系在裙带上的丞相。《遭田父泥饮》诗中云："差科死则已，誓不举家走。"这就是讽刺当时苛捐杂税之繁多。有时公然谴责。如《释闷》诗云："四海十年不解兵，犬戎也复临咸京。失道非关出襄野，扬鞭忽是过湖城。豺狼塞路人断绝，烽火照夜尸纵横。天子亦应厌奔走，群公固合思升平。但恐诛求不改辙，闻道嬖孽能全生。江边老翁错料事，眼暗不见风尘清。"又《有感》诗云:"莫取金汤固,长令宇宙新。不过行俭德,盗贼本王臣。"这简直是大开其教训了。

(原载重庆《群众》第九卷第21期,1944年11月15日出版)

出版说明

"新编历史小丛书"承自20世纪60年代吴晗策划的"中国历史小丛书",其中不少名家名作已经是垂之经典的作品,一些措辞亦有写作伊初的时代特征。为了保持其原有版本风貌,再版过程中不做现代汉语的规范化统一,读者阅读时亦可从中体会到语言变化的规律。

"新编历史小丛书"编委会

图书在版编目（CIP）数据

杜甫 / 翦伯赞著. —— 贵阳：贵州人民出版社，2023.12
（新编历史小丛书. 人物）
ISBN 978-7-221-18069-8

Ⅰ.①杜… Ⅱ.①翦… Ⅲ.①杜甫（712-770）-传记 Ⅳ.①K825.6

中国国家版本馆CIP数据核字(2023)第211148号

新编历史小丛书·人物

杜甫
DU FU

翦伯赞 ◎著

出 版 人	朱文迅
责任编辑	李　康
装帧设计	陈　电
责任印制	蔡继磊

出版发行	北京出版集团　文津出版社
	贵州出版集团　贵州人民出版社
地　　址	贵阳市观山湖区中天会展城会展东路SOHO公寓A座
印　　刷	贵州新华印务有限责任公司
版　　次	2024年2月第1版
印　　次	2024年2月第1次印刷
开　　本	880 mm × 1230 mm　1/32
印　　张	2.75
字　　数	22千字
书　　号	ISBN 978-7-221-18069-8
定　　价	18.00元

如发现图书印装质量问题，请与印刷厂联系调换；版权所有，翻版必究；未经许可，不得转载。